ARBEITSZEIT

Name:_____ Personalnr.:_____

Wochenstunden:_____ Überstunden:_____

Urlaubsanspruch:_____ Jahr:_____

Urlaub genommen:_____ Monat:_____

Resturlaub:_____ Kalenderwoche:_____

Tag Datum	Start	Ende	Pause	Arbeitszeit +/- Stunden
Montag				
Dienstag				
Mittwoch				
Donnerstag				
Freitag				
Samstag				
Sonntag				
	Wochenstunden: Gesamt +/- Stunden:			

ARBEITSZEIT

Name:_____ Personalnr.:_____

Wochenstunden:_____ Überstunden:_____

Urlaubsanspruch:_____ Jahr:_____

Urlaub genommen:_____ Monat:_____

Resturlaub:_____ Kalenderwoche:_____

Tag Datum	Start	Ende	Pause	Arbeitszeit +/- Stunden
Montag				
Dienstag				
Mittwoch				
Donnerstag				
Freitag				
Samstag				
Sonntag				
Wochenstunden: Gesamt +/- Stunden:				

ARBEITSZEIT

Name:_____ Personalnr.:_____

Wochenstunden:_____ Überstunden:_____

Urlaubsanspruch:_____ Jahr:_____

Urlaub genommen:_____ Monat:_____

Resturlaub:_____ Kalenderwoche:_____

Tag Datum	Start	Ende	Pause	Arbeitszeit +/- Stunden
Montag				
Dienstag				
Mittwoch				
Donnerstag				
Freitag				
Samstag				
Sonntag				
Wochenstunden: Gesamt +/- Stunden:				

ARBEITSZEIT

Name:_____ Personalnr.:_____

Wochenstunden:_____ Überstunden:_____

Urlaubsanspruch:_____ Jahr:_____

Urlaub genommen:_____ Monat:_____

Resturlaub:_____ Kalenderwoche:_____

Tag Datum	Start	Ende	Pause	Arbeitszeit +/- Stunden
Montag				
Dienstag				
Mittwoch				
Donnerstag				
Freitag				
Samstag				
Sonntag				
	Wochenstunden: Gesamt +/- Stunden:			

ARBEITSZEIT

Name:_____ Personalnr.:_____

Wochenstunden:_____ Überstunden:_____

Urlaubsanspruch:_____ Jahr:_____

Urlaub genommen:_____ Monat:_____

Resturlaub:_____ Kalenderwoche:_____

Tag Datum	Start	Ende	Pause	Arbeitszeit +/- Stunden
Montag				
Dienstag				
Mittwoch				
Donnerstag				
Freitag				
Samstag				
Sonntag				
	Wochenstunden: Gesamt +/- Stunden:			

ARBEITSZEIT

Name:_____ Personalnr.:_____

Wochenstunden:_____ Überstunden:_____

Urlaubsanspruch:_____ Jahr:_____

Urlaub genommen:_____ Monat:_____

Resturlaub:_____ Kalenderwoche:_____

Tag Datum	Start	Ende	Pause	Arbeitszeit +/- Stunden
Montag				
Dienstag				
Mittwoch				
Donnerstag				
Freitag				
Samstag				
Sonntag				
	Wochenstunden: Gesamt +/- Stunden:			

ARBEITSZEIT

Name:_____ Personalnr.:_____

Wochenstunden:_____ Überstunden:_____

Urlaubsanspruch:_____ Jahr:_____

Urlaub genommen:_____ Monat:_____

Resturlaub:_____ Kalenderwoche:_____

Tag Datum	Start	Ende	Pause	Arbeitszeit +/- Stunden
Montag				
Dienstag				
Mittwoch				
Donnerstag				
Freitag				
Samstag				
Sonntag				
	Wochenstunden: Gesamt +/- Stunden:			

ARBEITSZEIT

Name:_____ Personalnr.:_____

Wochenstunden:_____ Überstunden:_____

Urlaubsanspruch:_____ Jahr:_____

Urlaub genommen:_____ Monat:_____

Resturlaub:_____ Kalenderwoche:_____

Tag Datum	Start	Ende	Pause	Arbeitszeit +/- Stunden
Montag				
Dienstag				
Mittwoch				
Donnerstag				
Freitag				
Samstag				
Sonntag				
	Wochenstunden: Gesamt +/- Stunden:			

ARBEITSZEIT

Name:_____ Personalnr.:_____

Wochenstunden:_____ Überstunden:_____

Urlaubsanspruch:_____ Jahr:_____

Urlaub genommen:_____ Monat:_____

Resturlaub:_____ Kalenderwoche:_____

Tag Datum	Start	Ende	Pause	Arbeitszeit +/- Stunden
Montag				
Dienstag				
Mittwoch				
Donnerstag				
Freitag				
Samstag				
Sonntag				
	Wochenstunden: Gesamt +/- Stunden:			

ARBEITSZEIT

Name:_____ Personalnr.:_____

Wochenstunden:_____ Überstunden:_____

Urlaubsanspruch:_____ Jahr:_____

Urlaub genommen:_____ Monat:_____

Resturlaub:_____ Kalenderwoche:_____

Tag Datum	Start	Ende	Pause	Arbeitszeit +/- Stunden
Montag				
Dienstag				
Mittwoch				
Donnerstag				
Freitag				
Samstag				
Sonntag				
	Wochenstunden: Gesamt +/- Stunden:			

ARBEITSZEIT

Name:_____ Personalnr.:_____

Wochenstunden:_____ Überstunden:_____

Urlaubsanspruch:_____ Jahr:_____

Urlaub genommen:_____ Monat:_____

Resturlaub:_____ Kalenderwoche:_____

Tag Datum	Start	Ende	Pause	Arbeitszeit +/- Stunden
Montag				
Dienstag				
Mittwoch				
Donnerstag				
Freitag				
Samstag				
Sonntag				
	Wochenstunden: Gesamt +/- Stunden:			

ARBEITSZEIT

Name:_____ Personalnr.:_____

Wochenstunden:_____ Überstunden:_____

Urlaubsanspruch:_____ Jahr:_____

Urlaub genommen:_____ Monat:_____

Resturlaub:_____ Kalenderwoche:_____

Tag Datum	Start	Ende	Pause	Arbeitszeit +/- Stunden
Montag				
Dienstag				
Mittwoch				
Donnerstag				
Freitag				
Samstag				
Sonntag				
	Wochenstunden: Gesamt +/- Stunden:			

ARBEITSZEIT

Name:_____ Personalnr.:_____

Wochenstunden:_____ Überstunden:_____

Urlaubsanspruch:_____ Jahr:_____

Urlaub genommen:_____ Monat:_____

Resturlaub:_____ Kalenderwoche:_____

Tag Datum	Start	Ende	Pause	Arbeitszeit +/- Stunden
Montag				
Dienstag				
Mittwoch				
Donnerstag				
Freitag				
Samstag				
Sonntag				
	Wochenstunden: Gesamt +/- Stunden:			

ARBEITSZEIT

Name:_____ Personalnr.:_____

Wochenstunden:_____ Überstunden:_____

Urlaubsanspruch:_____ Jahr:_____

Urlaub genommen:_____ Monat:_____

Resturlaub:_____ Kalenderwoche:_____

Tag Datum	Start	Ende	Pause	Arbeitszeit +/- Stunden
Montag				
Dienstag				
Mittwoch				
Donnerstag				
Freitag				
Samstag				
Sonntag				
	Wochenstunden: Gesamt +/- Stunden:			

ARBEITSZEIT

Name:_____ Personalnr.:_____

Wochenstunden:_____ Überstunden:_____

Urlaubsanspruch:_____ Jahr:_____

Urlaub genommen:_____ Monat:_____

Resturlaub:_____ Kalenderwoche:_____

Tag Datum	Start	Ende	Pause	Arbeitszeit +/- Stunden
Montag				
Dienstag				
Mittwoch				
Donnerstag				
Freitag				
Samstag				
Sonntag				
	Wochenstunden: Gesamt +/- Stunden:			

ARBEITSZEIT

Name:_____ Personalnr.:_____

Wochenstunden:_____ Überstunden:_____

Urlaubsanspruch:_____ Jahr:_____

Urlaub genommen:_____ Monat:_____

Resturlaub:_____ Kalenderwoche:_____

Tag Datum	Start	Ende	Pause	Arbeitszeit +/- Stunden
Montag				
Dienstag				
Mittwoch				
Donnerstag				
Freitag				
Samstag				
Sonntag				
Wochenstunden: Gesamt +/- Stunden:				

ARBEITSZEIT

Name:_____ Personalnr.:_____

Wochenstunden:_____ Überstunden:_____

Urlaubsanspruch:_____ Jahr:_____

Urlaub genommen:_____ Monat:_____

Resturlaub:_____ Kalenderwoche:_____

Tag Datum	Start	Ende	Pause	Arbeitszeit +/- Stunden
Montag				
Dienstag				
Mittwoch				
Donnerstag				
Freitag				
Samstag				
Sonntag				
	Wochenstunden: Gesamt +/- Stunden:			

ARBEITSZEIT

Name:_____ Personalnr.:_____

Wochenstunden:_____ Überstunden:_____

Urlaubsanspruch:_____ Jahr:_____

Urlaub genommen:_____ Monat:_____

Resturlaub:_____ Kalenderwoche:_____

Tag Datum	Start	Ende	Pause	Arbeitszeit +/- Stunden
Montag				
Dienstag				
Mittwoch				
Donnerstag				
Freitag				
Samstag				
Sonntag				
	Wochenstunden: Gesamt +/- Stunden:			

ARBEITSZEIT

Name:_____ Personalnr.:_____

Wochenstunden:_____ Überstunden:_____

Urlaubsanspruch:_____ Jahr:_____

Urlaub genommen:_____ Monat:_____

Resturlaub:_____ Kalenderwoche:_____

Tag Datum	Start	Ende	Pause	Arbeitszeit +/- Stunden
Montag				
Dienstag				
Mittwoch				
Donnerstag				
Freitag				
Samstag				
Sonntag				
	Wochenstunden: Gesamt +/- Stunden:			

ARBEITSZEIT

Name:_____ Personalnr.:_____

Wochenstunden:_____ Überstunden:_____

Urlaubsanspruch:_____ Jahr:_____

Urlaub genommen:_____ Monat:_____

Resturlaub:_____ Kalenderwoche:_____

Tag Datum	Start	Ende	Pause	Arbeitszeit +/- Stunden
Montag				
Dienstag				
Mittwoch				
Donnerstag				
Freitag				
Samstag				
Sonntag				
	Wochenstunden: Gesamt +/- Stunden:			

ARBEITSZEIT

Name:_____ Personalnr.:_____

Wochenstunden:_____ Überstunden:_____

Urlaubsanspruch:_____ Jahr:_____

Urlaub genommen:_____ Monat:_____

Resturlaub:_____ Kalenderwoche:_____

Tag Datum	Start	Ende	Pause	Arbeitszeit +/- Stunden
Montag				
Dienstag				
Mittwoch				
Donnerstag				
Freitag				
Samstag				
Sonntag				
	Wochenstunden: Gesamt +/- Stunden:			

ARBEITSZEIT

Name:_____ Personalnr.:_____

Wochenstunden:_____ Überstunden:_____

Urlaubsanspruch:_____ Jahr:_____

Urlaub genommen:_____ Monat:_____

Resturlaub:_____ Kalenderwoche:_____

Tag Datum	Start	Ende	Pause	Arbeitszeit +/- Stunden
Montag				
Dienstag				
Mittwoch				
Donnerstag				
Freitag				
Samstag				
Sonntag				
	Wochenstunden: Gesamt +/- Stunden:			

ARBEITSZEIT

Name:_____ Personalnr.:_____

Wochenstunden:_____ Überstunden:_____

Urlaubsanspruch:_____ Jahr:_____

Urlaub genommen:_____ Monat:_____

Resturlaub:_____ Kalenderwoche:_____

Tag Datum	Start	Ende	Pause	Arbeitszeit +/- Stunden
Montag				
Dienstag				
Mittwoch				
Donnerstag				
Freitag				
Samstag				
Sonntag				
Wochenstunden: Gesamt +/- Stunden:				

ARBEITSZEIT

Name:_____ Personalnr.:_____

Wochenstunden:_____ Überstunden:_____

Urlaubsanspruch:_____ Jahr:_____

Urlaub genommen:_____ Monat:_____

Resturlaub:_____ Kalenderwoche:_____

Tag Datum	Start	Ende	Pause	Arbeitszeit +/- Stunden
Montag				
Dienstag				
Mittwoch				
Donnerstag				
Freitag				
Samstag				
Sonntag				
	Wochenstunden: Gesamt +/- Stunden:			

ARBEITSZEIT

Name:_____ Personalnr.:_____

Wochenstunden:_____ Überstunden:_____

Urlaubsanspruch:_____ Jahr:_____

Urlaub genommen:_____ Monat:_____

Resturlaub:_____ Kalenderwoche:_____

Tag Datum	Start	Ende	Pause	Arbeitszeit +/- Stunden
Montag				
Dienstag				
Mittwoch				
Donnerstag				
Freitag				
Samstag				
Sonntag				
	Wochenstunden: Gesamt +/- Stunden:			

ARBEITSZEIT

Name:_____ Personalnr.:_____

Wochenstunden:_____ Überstunden:_____

Urlaubsanspruch:_____ Jahr:_____

Urlaub genommen:_____ Monat:_____

Resturlaub:_____ Kalenderwoche:_____

Tag Datum	Start	Ende	Pause	Arbeitszeit +/- Stunden
Montag				
Dienstag				
Mittwoch				
Donnerstag				
Freitag				
Samstag				
Sonntag				
	Wochenstunden: Gesamt +/- Stunden:			

ARBEITSZEIT

Name:_____ Personalnr.:_____

Wochenstunden:_____ Überstunden:_____

Urlaubsanspruch:_____ Jahr:_____

Urlaub genommen:_____ Monat:_____

Resturlaub:_____ Kalenderwoche:_____

Tag Datum	Start	Ende	Pause	Arbeitszeit +/- Stunden
Montag				
Dienstag				
Mittwoch				
Donnerstag				
Freitag				
Samstag				
Sonntag				
	Wochenstunden: Gesamt +/- Stunden:			

ARBEITSZEIT

Name:_____ Personalnr.:_____

Wochenstunden:_____ Überstunden:_____

Urlaubsanspruch:_____ Jahr:_____

Urlaub genommen:_____ Monat:_____

Resturlaub:_____ Kalenderwoche:_____

Tag Datum	Start	Ende	Pause	Arbeitszeit +/- Stunden
Montag				
Dienstag				
Mittwoch				
Donnerstag				
Freitag				
Samstag				
Sonntag				
	Wochenstunden: Gesamt +/- Stunden:			

ARBEITSZEIT

Name:_____ Personalnr.:_____

Wochenstunden:_____ Überstunden:_____

Urlaubsanspruch:_____ Jahr:_____

Urlaub genommen:_____ Monat:_____

Resturlaub:_____ Kalenderwoche:_____

Tag Datum	Start	Ende	Pause	Arbeitszeit +/- Stunden
Montag				
Dienstag				
Mittwoch				
Donnerstag				
Freitag				
Samstag				
Sonntag				
	Wochenstunden: Gesamt +/- Stunden:			

ARBEITSZEIT

Name:_____ Personalnr.:_____

Wochenstunden:_____ Überstunden:_____

Urlaubsanspruch:_____ Jahr:_____

Urlaub genommen:_____ Monat:_____

Resturlaub:_____ Kalenderwoche:_____

Tag Datum	Start	Ende	Pause	Arbeitszeit +/- Stunden
Montag				
Dienstag				
Mittwoch				
Donnerstag				
Freitag				
Samstag				
Sonntag				
	Wochenstunden: Gesamt +/- Stunden:			

ARBEITSZEIT

Name:_____ Personalnr.:_____

Wochenstunden:_____ Überstunden:_____

Urlaubsanspruch:_____ Jahr:_____

Urlaub genommen:_____ Monat:_____

Resturlaub:_____ Kalenderwoche:_____

Tag Datum	Start	Ende	Pause	Arbeitszeit +/- Stunden
Montag				
Dienstag				
Mittwoch				
Donnerstag				
Freitag				
Samstag				
Sonntag				
	Wochenstunden: Gesamt +/- Stunden:			

ARBEITSZEIT

Name:_____ Personalnr.:_____

Wochenstunden:_____ Überstunden:_____

Urlaubsanspruch:_____ Jahr:_____

Urlaub genommen:_____ Monat:_____

Resturlaub:_____ Kalenderwoche:_____

Tag Datum	Start	Ende	Pause	Arbeitszeit +/- Stunden
Montag				
Dienstag				
Mittwoch				
Donnerstag				
Freitag				
Samstag				
Sonntag				
	Wochenstunden: Gesamt +/- Stunden:			

ARBEITSZEIT

Name:_____ Personalnr.:_____

Wochenstunden:_____ Überstunden:_____

Urlaubsanspruch:_____ Jahr:_____

Urlaub genommen:_____ Monat:_____

Resturlaub:_____ Kalenderwoche:_____

Tag Datum	Start	Ende	Pause	Arbeitszeit +/- Stunden
Montag				
Dienstag				
Mittwoch				
Donnerstag				
Freitag				
Samstag				
Sonntag				
	Wochenstunden: Gesamt +/- Stunden:			

ARBEITSZEIT

Name:_____ Personalnr.:_____

Wochenstunden:_____ Überstunden:_____

Urlaubsanspruch:_____ Jahr:_____

Urlaub genommen:_____ Monat:_____

Resturlaub:_____ Kalenderwoche:_____

Tag Datum	Start	Ende	Pause	Arbeitszeit +/- Stunden
Montag				
Dienstag				
Mittwoch				
Donnerstag				
Freitag				
Samstag				
Sonntag				
	Wochenstunden: Gesamt +/- Stunden:			

ARBEITSZEIT

Name:_____ Personalnr.:_____

Wochenstunden:_____ Überstunden:_____

Urlaubsanspruch:_____ Jahr:_____

Urlaub genommen:_____ Monat:_____

Resturlaub:_____ Kalenderwoche:_____

Tag Datum	Start	Ende	Pause	Arbeitszeit +/- Stunden
Montag				
Dienstag				
Mittwoch				
Donnerstag				
Freitag				
Samstag				
Sonntag				
Wochenstunden: Gesamt +/- Stunden:				

ARBEITSZEIT

Name:_____ Personalnr.:_____

Wochenstunden:_____ Überstunden:_____

Urlaubsanspruch:_____ Jahr:_____

Urlaub genommen:_____ Monat:_____

Resturlaub:_____ Kalenderwoche:_____

Tag Datum	Start	Ende	Pause	Arbeitszeit +/- Stunden
Montag				
Dienstag				
Mittwoch				
Donnerstag				
Freitag				
Samstag				
Sonntag				
	Wochenstunden: Gesamt +/- Stunden:			

ARBEITSZEIT

Name:_____ Personalnr.:_____

Wochenstunden:_____ Überstunden:_____

Urlaubsanspruch:_____ Jahr:_____

Urlaub genommen:_____ Monat:_____

Resturlaub:_____ Kalenderwoche:_____

Tag Datum	Start	Ende	Pause	Arbeitszeit +/- Stunden
Montag				
Dienstag				
Mittwoch				
Donnerstag				
Freitag				
Samstag				
Sonntag				
	Wochenstunden: Gesamt +/- Stunden:			

ARBEITSZEIT

Name:_____ Personalnr.:_____

Wochenstunden:_____ Überstunden:_____

Urlaubsanspruch:_____ Jahr:_____

Urlaub genommen:_____ Monat:_____

Resturlaub:_____ Kalenderwoche:_____

Tag Datum	Start	Ende	Pause	Arbeitszeit +/- Stunden
Montag				
Dienstag				
Mittwoch				
Donnerstag				
Freitag				
Samstag				
Sonntag				
	Wochenstunden: Gesamt +/- Stunden:			

ARBEITSZEIT

Name:_____ Personalnr.:_____

Wochenstunden:_____ Überstunden:_____

Urlaubsanspruch:_____ Jahr:_____

Urlaub genommen:_____ Monat:_____

Resturlaub:_____ Kalenderwoche:_____

Tag Datum	Start	Ende	Pause	Arbeitszeit +/- Stunden
Montag				
Dienstag				
Mittwoch				
Donnerstag				
Freitag				
Samstag				
Sonntag				
	Wochenstunden: Gesamt +/- Stunden:			

ARBEITSZEIT

Name:_____ Personalnr.:_____

Wochenstunden:_____ Überstunden:_____

Urlaubsanspruch:_____ Jahr:_____

Urlaub genommen:_____ Monat:_____

Resturlaub:_____ Kalenderwoche:_____

Tag Datum	Start	Ende	Pause	Arbeitszeit +/- Stunden
Montag				
Dienstag				
Mittwoch				
Donnerstag				
Freitag				
Samstag				
Sonntag				
	Wochenstunden: Gesamt +/- Stunden:			

ARBEITSZEIT

Name:_____ Personalnr.:_____

Wochenstunden:_____ Überstunden:_____

Urlaubsanspruch:_____ Jahr:_____

Urlaub genommen:_____ Monat:_____

Resturlaub:_____ Kalenderwoche:_____

Tag Datum	Start	Ende	Pause	Arbeitszeit +/- Stunden
Montag				
Dienstag				
Mittwoch				
Donnerstag				
Freitag				
Samstag				
Sonntag				
	Wochenstunden: Gesamt +/- Stunden:			

ARBEITSZEIT

Name:_____ Personalnr.:_____

Wochenstunden:_____ Überstunden:_____

Urlaubsanspruch:_____ Jahr:_____

Urlaub genommen:_____ Monat:_____

Resturlaub:_____ Kalenderwoche:_____

Tag Datum	Start	Ende	Pause	Arbeitszeit +/- Stunden
Montag				
Dienstag				
Mittwoch				
Donnerstag				
Freitag				
Samstag				
Sonntag				
	Wochenstunden: Gesamt +/- Stunden:			

ARBEITSZEIT

Name:_____ Personalnr.:_____

Wochenstunden:_____ Überstunden:_____

Urlaubsanspruch:_____ Jahr:_____

Urlaub genommen:_____ Monat:_____

Resturlaub:_____ Kalenderwoche:_____

Tag Datum	Start	Ende	Pause	Arbeitszeit +/- Stunden
Montag				
Dienstag				
Mittwoch				
Donnerstag				
Freitag				
Samstag				
Sonntag				
	Wochenstunden: Gesamt +/- Stunden:			

ARBEITSZEIT

Name:_____ Personalnr.:_____

Wochenstunden:_____ Überstunden:_____

Urlaubsanspruch:_____ Jahr:_____

Urlaub genommen:_____ Monat:_____

Resturlaub:_____ Kalenderwoche:_____

Tag Datum	Start	Ende	Pause	Arbeitszeit +/- Stunden
Montag				
Dienstag				
Mittwoch				
Donnerstag				
Freitag				
Samstag				
Sonntag				
	Wochenstunden: Gesamt +/- Stunden:			

ARBEITSZEIT

Name:_____ Personalnr.:_____

Wochenstunden:_____ Überstunden:_____

Urlaubsanspruch:_____ Jahr:_____

Urlaub genommen:_____ Monat:_____

Resturlaub:_____ Kalenderwoche:_____

Tag Datum	Start	Ende	Pause	Arbeitszeit +/- Stunden
Montag				
Dienstag				
Mittwoch				
Donnerstag				
Freitag				
Samstag				
Sonntag				
	Wochenstunden: Gesamt +/- Stunden:			

ARBEITSZEIT

Name:_____ Personalnr.:_____

Wochenstunden:_____ Überstunden:_____

Urlaubsanspruch:_____ Jahr:_____

Urlaub genommen:_____ Monat:_____

Resturlaub:_____ Kalenderwoche:_____

Tag Datum	Start	Ende	Pause	Arbeitszeit +/- Stunden
Montag				
Dienstag				
Mittwoch				
Donnerstag				
Freitag				
Samstag				
Sonntag				
	Wochenstunden: Gesamt +/- Stunden:			

ARBEITSZEIT

Name:_____ Personalnr.:_____

Wochenstunden:_____ Überstunden:_____

Urlaubsanspruch:_____ Jahr:_____

Urlaub genommen:_____ Monat:_____

Resturlaub:_____ Kalenderwoche:_____

Tag Datum	Start	Ende	Pause	Arbeitszeit +/- Stunden
Montag				
Dienstag				
Mittwoch				
Donnerstag				
Freitag				
Samstag				
Sonntag				
	Wochenstunden: Gesamt +/- Stunden:			

ARBEITSZEIT

Name:_____ Personalnr.:_____

Wochenstunden:_____ Überstunden:_____

Urlaubsanspruch:_____ Jahr:_____

Urlaub genommen:_____ Monat:_____

Resturlaub:_____ Kalenderwoche:_____

Tag Datum	Start	Ende	Pause	Arbeitszeit +/- Stunden
Montag				
Dienstag				
Mittwoch				
Donnerstag				
Freitag				
Samstag				
Sonntag				
	Wochenstunden: Gesamt +/- Stunden:			

ARBEITSZEIT

Name:_____ Personalnr.:_____

Wochenstunden:_____ Überstunden:_____

Urlaubsanspruch:_____ Jahr:_____

Urlaub genommen:_____ Monat:_____

Resturlaub:_____ Kalenderwoche:_____

Tag Datum	Start	Ende	Pause	Arbeitszeit +/- Stunden
Montag				
Dienstag				
Mittwoch				
Donnerstag				
Freitag				
Samstag				
Sonntag				
	Wochenstunden: Gesamt +/- Stunden:			

ARBEITSZEIT

Name:_____ Personalnr.:_____

Wochenstunden:_____ Überstunden:_____

Urlaubsanspruch:_____ Jahr:_____

Urlaub genommen:_____ Monat:_____

Resturlaub:_____ Kalenderwoche:_____

Tag Datum	Start	Ende	Pause	Arbeitszeit +/- Stunden
Montag				
Dienstag				
Mittwoch				
Donnerstag				
Freitag				
Samstag				
Sonntag				
Wochenstunden: Gesamt +/- Stunden:				

ARBEITSZEIT

Name:_____ Personalnr.:_____

Wochenstunden:_____ Überstunden:_____

Urlaubsanspruch:_____ Jahr:_____

Urlaub genommen:_____ Monat:_____

Resturlaub:_____ Kalenderwoche:_____

Tag Datum	Start	Ende	Pause	Arbeitszeit +/- Stunden
Montag				
Dienstag				
Mittwoch				
Donnerstag				
Freitag				
Samstag				
Sonntag				
	Wochenstunden: Gesamt +/- Stunden:			

ARBEITSZEIT

Name:_____ Personalnr.:_____

Wochenstunden:_____ Überstunden:_____

Urlaubsanspruch:_____ Jahr:_____

Urlaub genommen:_____ Monat:_____

Resturlaub:_____ Kalenderwoche:_____

Tag Datum	Start	Ende	Pause	Arbeitszeit +/- Stunden
Montag				
Dienstag				
Mittwoch				
Donnerstag				
Freitag				
Samstag				
Sonntag				
	Wochenstunden: Gesamt +/- Stunden:			

ARBEITSZEIT

Name:_____ Personalnr.:_____

Wochenstunden:_____ Überstunden:_____

Urlaubsanspruch:_____ Jahr:_____

Urlaub genommen:_____ Monat:_____

Resturlaub:_____ Kalenderwoche:_____

Tag Datum	Start	Ende	Pause	Arbeitszeit +/- Stunden
Montag				
Dienstag				
Mittwoch				
Donnerstag				
Freitag				
Samstag				
Sonntag				
	Wochenstunden: Gesamt +/- Stunden:			

ARBEITSZEIT

Name:_____ Personalnr.:_____

Wochenstunden:_____ Überstunden:_____

Urlaubsanspruch:_____ Jahr:_____

Urlaub genommen:_____ Monat:_____

Resturlaub:_____ Kalenderwoche:_____

Tag Datum	Start	Ende	Pause	Arbeitszeit +/- Stunden
Montag				
Dienstag				
Mittwoch				
Donnerstag				
Freitag				
Samstag				
Sonntag				
	Wochenstunden: Gesamt +/- Stunden:			

ARBEITSZEIT

Name:_____ Personalnr.:_____

Wochenstunden:_____ Überstunden:_____

Urlaubsanspruch:_____ Jahr:_____

Urlaub genommen:_____ Monat:_____

Resturlaub:_____ Kalenderwoche:_____

Tag Datum	Start	Ende	Pause	Arbeitszeit +/- Stunden
Montag				
Dienstag				
Mittwoch				
Donnerstag				
Freitag				
Samstag				
Sonntag				
	Wochenstunden: Gesamt +/- Stunden:			

ARBEITSZEIT

Name:_____ Personalnr.:_____

Wochenstunden:_____ Überstunden:_____

Urlaubsanspruch:_____ Jahr:_____

Urlaub genommen:_____ Monat:_____

Resturlaub:_____ Kalenderwoche:_____

Tag Datum	Start	Ende	Pause	Arbeitszeit +/- Stunden
Montag				
Dienstag				
Mittwoch				
Donnerstag				
Freitag				
Samstag				
Sonntag				
	Wochenstunden: Gesamt +/- Stunden:			

ARBEITSZEIT

Name:_____ Personalnr.:_____

Wochenstunden:_____ Überstunden:_____

Urlaubsanspruch:_____ Jahr:_____

Urlaub genommen:_____ Monat:_____

Resturlaub:_____ Kalenderwoche:_____

Tag Datum	Start	Ende	Pause	Arbeitszeit +/- Stunden
Montag				
Dienstag				
Mittwoch				
Donnerstag				
Freitag				
Samstag				
Sonntag				
	Wochenstunden: Gesamt +/- Stunden:			

ARBEITSZEIT

Name:_____ Personalnr.:_____

Wochenstunden:_____ Überstunden:_____

Urlaubsanspruch:_____ Jahr:_____

Urlaub genommen:_____ Monat:_____

Resturlaub:_____ Kalenderwoche:_____

Tag Datum	Start	Ende	Pause	Arbeitszeit +/- Stunden
Montag				
Dienstag				
Mittwoch				
Donnerstag				
Freitag				
Samstag				
Sonntag				
	Wochenstunden: Gesamt +/- Stunden:			

ARBEITSZEIT

Name:_____ Personalnr.:_____

Wochenstunden:_____ Überstunden:_____

Urlaubsanspruch:_____ Jahr:_____

Urlaub genommen:_____ Monat:_____

Resturlaub:_____ Kalenderwoche:_____

Tag Datum	Start	Ende	Pause	Arbeitszeit +/- Stunden
Montag				
Dienstag				
Mittwoch				
Donnerstag				
Freitag				
Samstag				
Sonntag				
	Wochenstunden: Gesamt +/- Stunden:			

ARBEITSZEIT

Name:_____ Personalnr.:_____

Wochenstunden:_____ Überstunden:_____

Urlaubsanspruch:_____ Jahr:_____

Urlaub genommen:_____ Monat:_____

Resturlaub:_____ Kalenderwoche:_____

Tag Datum	Start	Ende	Pause	Arbeitszeit +/- Stunden
Montag				
Dienstag				
Mittwoch				
Donnerstag				
Freitag				
Samstag				
Sonntag				
	Wochenstunden: Gesamt +/- Stunden:			

ARBEITSZEIT

Name:_____ Personalnr.:_____

Wochenstunden:_____ Überstunden:_____

Urlaubsanspruch:_____ Jahr:_____

Urlaub genommen:_____ Monat:_____

Resturlaub:_____ Kalenderwoche:_____

Tag Datum	Start	Ende	Pause	Arbeitszeit +/- Stunden
Montag				
Dienstag				
Mittwoch				
Donnerstag				
Freitag				
Samstag				
Sonntag				
	Wochenstunden: Gesamt +/- Stunden:			

ARBEITSZEIT

Name:_____ Personalnr.:_____

Wochenstunden:_____ Überstunden:_____

Urlaubsanspruch:_____ Jahr:_____

Urlaub genommen:_____ Monat:_____

Resturlaub:_____ Kalenderwoche:_____

Tag Datum	Start	Ende	Pause	Arbeitszeit +/- Stunden
Montag				
Dienstag				
Mittwoch				
Donnerstag				
Freitag				
Samstag				
Sonntag				
	Wochenstunden: Gesamt +/- Stunden:			

ARBEITSZEIT

Name:_____ Personalnr.:_____

Wochenstunden:_____ Überstunden:_____

Urlaubsanspruch:_____ Jahr:_____

Urlaub genommen:_____ Monat:_____

Resturlaub:_____ Kalenderwoche:_____

Tag Datum	Start	Ende	Pause	Arbeitszeit +/- Stunden
Montag				
Dienstag				
Mittwoch				
Donnerstag				
Freitag				
Samstag				
Sonntag				

Wochenstunden:
Gesamt +/- Stunden:

ARBEITSZEIT

Name:_____ Personalnr.:_____

Wochenstunden:_____ Überstunden:_____

Urlaubsanspruch:_____ Jahr:_____

Urlaub genommen:_____ Monat:_____

Resturlaub:_____ Kalenderwoche:_____

Tag Datum	Start	Ende	Pause	Arbeitszeit +/- Stunden
Montag				
Dienstag				
Mittwoch				
Donnerstag				
Freitag				
Samstag				
Sonntag				
	Wochenstunden: Gesamt +/- Stunden:			

ARBEITSZEIT

Name:_____ Personalnr.:_____

Wochenstunden:_____ Überstunden:_____

Urlaubsanspruch:_____ Jahr:_____

Urlaub genommen:_____ Monat:_____

Resturlaub:_____ Kalenderwoche:_____

Tag Datum	Start	Ende	Pause	Arbeitszeit +/- Stunden
Montag				
Dienstag				
Mittwoch				
Donnerstag				
Freitag				
Samstag				
Sonntag				
	Wochenstunden: Gesamt +/- Stunden:			

ARBEITSZEIT

Name:_____ Personalnr.:_____

Wochenstunden:_____ Überstunden:_____

Urlaubsanspruch:_____ Jahr:_____

Urlaub genommen:_____ Monat:_____

Resturlaub:_____ Kalenderwoche:_____

Tag Datum	Start	Ende	Pause	Arbeitszeit +/- Stunden
Montag				
Dienstag				
Mittwoch				
Donnerstag				
Freitag				
Samstag				
Sonntag				
	Wochenstunden: Gesamt +/- Stunden:			

ARBEITSZEIT

Name:_____ Personalnr.:_____

Wochenstunden:_____ Überstunden:_____

Urlaubsanspruch:_____ Jahr:_____

Urlaub genommen:_____ Monat:_____

Resturlaub:_____ Kalenderwoche:_____

Tag Datum	Start	Ende	Pause	Arbeitszeit +/- Stunden
Montag				
Dienstag				
Mittwoch				
Donnerstag				
Freitag				
Samstag				
Sonntag				
	Wochenstunden: Gesamt +/- Stunden:			

ARBEITSZEIT

Name:_____ Personalnr.:_____

Wochenstunden:_____ Überstunden:_____

Urlaubsanspruch:_____ Jahr:_____

Urlaub genommen:_____ Monat:_____

Resturlaub:_____ Kalenderwoche:_____

Tag Datum	Start	Ende	Pause	Arbeitszeit +/- Stunden
Montag				
Dienstag				
Mittwoch				
Donnerstag				
Freitag				
Samstag				
Sonntag				
	Wochenstunden: Gesamt +/- Stunden:			

ARBEITSZEIT

Name:_____ Personalnr.:_____

Wochenstunden:_____ Überstunden:_____

Urlaubsanspruch:_____ Jahr:_____

Urlaub genommen:_____ Monat:_____

Resturlaub:_____ Kalenderwoche:_____

Tag Datum	Start	Ende	Pause	Arbeitszeit +/- Stunden
Montag				
Dienstag				
Mittwoch				
Donnerstag				
Freitag				
Samstag				
Sonntag				
	Wochenstunden: Gesamt +/- Stunden:			

ARBEITSZEIT

Name:_____ Personalnr.:_____

Wochenstunden:_____ Überstunden:_____

Urlaubsanspruch:_____ Jahr:_____

Urlaub genommen:_____ Monat:_____

Resturlaub:_____ Kalenderwoche:_____

Tag Datum	Start	Ende	Pause	Arbeitszeit +/- Stunden
Montag				
Dienstag				
Mittwoch				
Donnerstag				
Freitag				
Samstag				
Sonntag				
	Wochenstunden: Gesamt +/- Stunden:			

ARBEITSZEIT

Name:_____ Personalnr.:_____

Wochenstunden:_____ Überstunden:_____

Urlaubsanspruch:_____ Jahr:_____

Urlaub genommen:_____ Monat:_____

Resturlaub:_____ Kalenderwoche:_____

Tag Datum	Start	Ende	Pause	Arbeitszeit +/- Stunden
Montag				
Dienstag				
Mittwoch				
Donnerstag				
Freitag				
Samstag				
Sonntag				
	Wochenstunden: Gesamt +/- Stunden:			

ARBEITSZEIT

Name:_____ Personalnr.:_____

Wochenstunden:_____ Überstunden:_____

Urlaubsanspruch:_____ Jahr:_____

Urlaub genommen:_____ Monat:_____

Resturlaub:_____ Kalenderwoche:_____

Tag Datum	Start	Ende	Pause	Arbeitszeit +/- Stunden
Montag				
Dienstag				
Mittwoch				
Donnerstag				
Freitag				
Samstag				
Sonntag				
	Wochenstunden: Gesamt +/- Stunden:			

ARBEITSZEIT

Name:_____ Personalnr.:_____

Wochenstunden:_____ Überstunden:_____

Urlaubsanspruch:_____ Jahr:_____

Urlaub genommen:_____ Monat:_____

Resturlaub:_____ Kalenderwoche:_____

Tag Datum	Start	Ende	Pause	Arbeitszeit +/- Stunden
Montag				
Dienstag				
Mittwoch				
Donnerstag				
Freitag				
Samstag				
Sonntag				
	Wochenstunden: Gesamt +/- Stunden:			

ARBEITSZEIT

Name:_____ Personalnr.:_____

Wochenstunden:_____ Überstunden:_____

Urlaubsanspruch:_____ Jahr:_____

Urlaub genommen:_____ Monat:_____

Resturlaub:_____ Kalenderwoche:_____

Tag Datum	Start	Ende	Pause	Arbeitszeit +/- Stunden
Montag				
Dienstag				
Mittwoch				
Donnerstag				
Freitag				
Samstag				
Sonntag				
	Wochenstunden: Gesamt +/- Stunden:			

ARBEITSZEIT

Name:_____ Personalnr.:_____

Wochenstunden:_____ Überstunden:_____

Urlaubsanspruch:_____ Jahr:_____

Urlaub genommen:_____ Monat:_____

Resturlaub:_____ Kalenderwoche:_____

Tag Datum	Start	Ende	Pause	Arbeitszeit +/- Stunden
Montag				
Dienstag				
Mittwoch				
Donnerstag				
Freitag				
Samstag				
Sonntag				
Wochenstunden: Gesamt +/- Stunden:				

ARBEITSZEIT

Name:_____ Personalnr.:_____

Wochenstunden:_____ Überstunden:_____

Urlaubsanspruch:_____ Jahr:_____

Urlaub genommen:_____ Monat:_____

Resturlaub:_____ Kalenderwoche:_____

Tag Datum	Start	Ende	Pause	Arbeitszeit +/- Stunden
Montag				
Dienstag				
Mittwoch				
Donnerstag				
Freitag				
Samstag				
Sonntag				
	Wochenstunden: Gesamt +/- Stunden:			

ARBEITSZEIT

Name:_____ Personalnr.:_____

Wochenstunden:_____ Überstunden:_____

Urlaubsanspruch:_____ Jahr:_____

Urlaub genommen:_____ Monat:_____

Resturlaub:_____ Kalenderwoche:_____

Tag Datum	Start	Ende	Pause	Arbeitszeit +/- Stunden
Montag				
Dienstag				
Mittwoch				
Donnerstag				
Freitag				
Samstag				
Sonntag				
	Wochenstunden: Gesamt +/- Stunden:			

ARBEITSZEIT

Name:_____ Personalnr.:_____

Wochenstunden:_____ Überstunden:_____

Urlaubsanspruch:_____ Jahr:_____

Urlaub genommen:_____ Monat:_____

Resturlaub:_____ Kalenderwoche:_____

Tag Datum	Start	Ende	Pause	Arbeitszeit +/- Stunden
Montag				
Dienstag				
Mittwoch				
Donnerstag				
Freitag				
Samstag				
Sonntag				
	Wochenstunden: Gesamt +/- Stunden:			

ARBEITSZEIT

Name:_____ Personalnr.:_____

Wochenstunden:_____ Überstunden:_____

Urlaubsanspruch:_____ Jahr:_____

Urlaub genommen:_____ Monat:_____

Resturlaub:_____ Kalenderwoche:_____

Tag Datum	Start	Ende	Pause	Arbeitszeit +/- Stunden
Montag				
Dienstag				
Mittwoch				
Donnerstag				
Freitag				
Samstag				
Sonntag				
	Wochenstunden: Gesamt +/- Stunden:			

ARBEITSZEIT

Name:_____ Personalnr.:_____

Wochenstunden:_____ Überstunden:_____

Urlaubsanspruch:_____ Jahr:_____

Urlaub genommen:_____ Monat:_____

Resturlaub:_____ Kalenderwoche:_____

Tag Datum	Start	Ende	Pause	Arbeitszeit +/- Stunden
Montag				
Dienstag				
Mittwoch				
Donnerstag				
Freitag				
Samstag				
Sonntag				
	Wochenstunden: Gesamt +/- Stunden:			

ARBEITSZEIT

Name:_____ Personalnr.:_____

Wochenstunden:_____ Überstunden:_____

Urlaubsanspruch:_____ Jahr:_____

Urlaub genommen:_____ Monat:_____

Resturlaub:_____ Kalenderwoche:_____

Tag Datum	Start	Ende	Pause	Arbeitszeit +/- Stunden
Montag				
Dienstag				
Mittwoch				
Donnerstag				
Freitag				
Samstag				
Sonntag				
	Wochenstunden: Gesamt +/- Stunden:			

ARBEITSZEIT

Name:_____ Personalnr.:_____

Wochenstunden:_____ Überstunden:_____

Urlaubsanspruch:_____ Jahr:_____

Urlaub genommen:_____ Monat:_____

Resturlaub:_____ Kalenderwoche:_____

Tag Datum	Start	Ende	Pause	Arbeitszeit +/- Stunden
Montag				
Dienstag				
Mittwoch				
Donnerstag				
Freitag				
Samstag				
Sonntag				
	Wochenstunden: Gesamt +/- Stunden:			

ARBEITSZEIT

Name:_____ Personalnr.:_____

Wochenstunden:_____ Überstunden:_____

Urlaubsanspruch:_____ Jahr:_____

Urlaub genommen:_____ Monat:_____

Resturlaub:_____ Kalenderwoche:_____

Tag Datum	Start	Ende	Pause	Arbeitszeit +/- Stunden
Montag				
Dienstag				
Mittwoch				
Donnerstag				
Freitag				
Samstag				
Sonntag				
	Wochenstunden: Gesamt +/- Stunden:			

ARBEITSZEIT

Name:_____ Personalnr.:_____

Wochenstunden:_____ Überstunden:_____

Urlaubsanspruch:_____ Jahr:_____

Urlaub genommen:_____ Monat:_____

Resturlaub:_____ Kalenderwoche:_____

Tag Datum	Start	Ende	Pause	Arbeitszeit +/- Stunden
Montag				
Dienstag				
Mittwoch				
Donnerstag				
Freitag				
Samstag				
Sonntag				
	Wochenstunden: Gesamt +/- Stunden:			

ARBEITSZEIT

Name:_____ Personalnr.:_____

Wochenstunden:_____ Überstunden:_____

Urlaubsanspruch:_____ Jahr:_____

Urlaub genommen:_____ Monat:_____

Resturlaub:_____ Kalenderwoche:_____

Tag Datum	Start	Ende	Pause	Arbeitszeit +/- Stunden
Montag				
Dienstag				
Mittwoch				
Donnerstag				
Freitag				
Samstag				
Sonntag				
	Wochenstunden: Gesamt +/- Stunden:			

ARBEITSZEIT

Name:_____ Personalnr.:_____

Wochenstunden:_____ Überstunden:_____

Urlaubsanspruch:_____ Jahr:_____

Urlaub genommen:_____ Monat:_____

Resturlaub:_____ Kalenderwoche:_____

Tag Datum	Start	Ende	Pause	Arbeitszeit +/- Stunden
Montag				
Dienstag				
Mittwoch				
Donnerstag				
Freitag				
Samstag				
Sonntag				
	Wochenstunden: Gesamt +/- Stunden:			

ARBEITSZEIT

Name:_____ Personalnr.:_____

Wochenstunden:_____ Überstunden:_____

Urlaubsanspruch:_____ Jahr:_____

Urlaub genommen:_____ Monat:_____

Resturlaub:_____ Kalenderwoche:_____

Tag Datum	Start	Ende	Pause	Arbeitszeit +/- Stunden
Montag				
Dienstag				
Mittwoch				
Donnerstag				
Freitag				
Samstag				
Sonntag				
	Wochenstunden: Gesamt +/- Stunden:			

ARBEITSZEIT

Name:_____ Personalnr.:_____

Wochenstunden:_____ Überstunden:_____

Urlaubsanspruch:_____ Jahr:_____

Urlaub genommen:_____ Monat:_____

Resturlaub:_____ Kalenderwoche:_____

Tag Datum	Start	Ende	Pause	Arbeitszeit +/- Stunden
Montag				
Dienstag				
Mittwoch				
Donnerstag				
Freitag				
Samstag				
Sonntag				
	Wochenstunden: Gesamt +/- Stunden:			

ARBEITSZEIT

Name:_____ Personalnr.:_____

Wochenstunden:_____ Überstunden:_____

Urlaubsanspruch:_____ Jahr:_____

Urlaub genommen:_____ Monat:_____

Resturlaub:_____ Kalenderwoche:_____

Tag Datum	Start	Ende	Pause	Arbeitszeit +/- Stunden
Montag				
Dienstag				
Mittwoch				
Donnerstag				
Freitag				
Samstag				
Sonntag				
	Wochenstunden: Gesamt +/- Stunden:			

ARBEITSZEIT

Name:_____ Personalnr.:_____

Wochenstunden:_____ Überstunden:_____

Urlaubsanspruch:_____ Jahr:_____

Urlaub genommen:_____ Monat:_____

Resturlaub:_____ Kalenderwoche:_____

Tag Datum	Start	Ende	Pause	Arbeitszeit +/- Stunden
Montag				
Dienstag				
Mittwoch				
Donnerstag				
Freitag				
Samstag				
Sonntag				
	Wochenstunden: Gesamt +/- Stunden:			

ARBEITSZEIT

Name:_____ Personalnr.:_____

Wochenstunden:_____ Überstunden:_____

Urlaubsanspruch:_____ Jahr:_____

Urlaub genommen:_____ Monat:_____

Resturlaub:_____ Kalenderwoche:_____

Tag Datum	Start	Ende	Pause	Arbeitszeit +/- Stunden
Montag				
Dienstag				
Mittwoch				
Donnerstag				
Freitag				
Samstag				
Sonntag				
	Wochenstunden: Gesamt +/- Stunden:			

ARBEITSZEIT

Name:_____ Personalnr.:_____

Wochenstunden:_____ Überstunden:_____

Urlaubsanspruch:_____ Jahr:_____

Urlaub genommen:_____ Monat:_____

Resturlaub:_____ Kalenderwoche:_____

Tag Datum	Start	Ende	Pause	Arbeitszeit +/- Stunden
Montag				
Dienstag				
Mittwoch				
Donnerstag				
Freitag				
Samstag				
Sonntag				
	Wochenstunden: Gesamt +/- Stunden:			

ARBEITSZEIT

Name:_____ Personalnr.:_____

Wochenstunden:_____ Überstunden:_____

Urlaubsanspruch:_____ Jahr:_____

Urlaub genommen:_____ Monat:_____

Resturlaub:_____ Kalenderwoche:_____

Tag Datum	Start	Ende	Pause	Arbeitszeit +/- Stunden
Montag				
Dienstag				
Mittwoch				
Donnerstag				
Freitag				
Samstag				
Sonntag				
	Wochenstunden: Gesamt +/- Stunden:			

ARBEITSZEIT

Name:_____ Personalnr.:_____

Wochenstunden:_____ Überstunden:_____

Urlaubsanspruch:_____ Jahr:_____

Urlaub genommen:_____ Monat:_____

Resturlaub:_____ Kalenderwoche:_____

Tag Datum	Start	Ende	Pause	Arbeitszeit +/- Stunden
Montag				
Dienstag				
Mittwoch				
Donnerstag				
Freitag				
Samstag				
Sonntag				
	Wochenstunden: Gesamt +/- Stunden:			

ARBEITSZEIT

Name:_____ Personalnr.:_____

Wochenstunden:_____ Überstunden:_____

Urlaubsanspruch:_____ Jahr:_____

Urlaub genommen:_____ Monat:_____

Resturlaub:_____ Kalenderwoche:_____

Tag Datum	Start	Ende	Pause	Arbeitszeit +/- Stunden
Montag				
Dienstag				
Mittwoch				
Donnerstag				
Freitag				
Samstag				
Sonntag				
Wochenstunden: Gesamt +/- Stunden:				

ARBEITSZEIT

Name:_____ Personalnr.:_____

Wochenstunden:_____ Überstunden:_____

Urlaubsanspruch:_____ Jahr:_____

Urlaub genommen:_____ Monat:_____

Resturlaub:_____ Kalenderwoche:_____

Tag Datum	Start	Ende	Pause	Arbeitszeit +/- Stunden
Montag				
Dienstag				
Mittwoch				
Donnerstag				
Freitag				
Samstag				
Sonntag				
	Wochenstunden: Gesamt +/- Stunden:			

ARBEITSZEIT

Name:_____ Personalnr.:_____

Wochenstunden:_____ Überstunden:_____

Urlaubsanspruch:_____ Jahr:_____

Urlaub genommen:_____ Monat:_____

Resturlaub:_____ Kalenderwoche:_____

Tag Datum	Start	Ende	Pause	Arbeitszeit +/- Stunden
Montag				
Dienstag				
Mittwoch				
Donnerstag				
Freitag				
Samstag				
Sonntag				
	Wochenstunden: Gesamt +/- Stunden:			

ARBEITSZEIT

Name:_____ Personalnr.:_____

Wochenstunden:_____ Überstunden:_____

Urlaubsanspruch:_____ Jahr:_____

Urlaub genommen:_____ Monat:_____

Resturlaub:_____ Kalenderwoche:_____

Tag Datum	Start	Ende	Pause	Arbeitszeit +/- Stunden
Montag				
Dienstag				
Mittwoch				
Donnerstag				
Freitag				
Samstag				
Sonntag				
	Wochenstunden: Gesamt +/- Stunden:			

ARBEITSZEIT

Name:_____ Personalnr.:_____

Wochenstunden:_____ Überstunden:_____

Urlaubsanspruch:_____ Jahr:_____

Urlaub genommen:_____ Monat:_____

Resturlaub:_____ Kalenderwoche:_____

Tag Datum	Start	Ende	Pause	Arbeitszeit +/- Stunden
Montag				
Dienstag				
Mittwoch				
Donnerstag				
Freitag				
Samstag				
Sonntag				
	Wochenstunden: Gesamt +/- Stunden:			

ARBEITSZEIT

Name:_____ Personalnr.:_____

Wochenstunden:_____ Überstunden:_____

Urlaubsanspruch:_____ Jahr:_____

Urlaub genommen:_____ Monat:_____

Resturlaub:_____ Kalenderwoche:_____

Tag Datum	Start	Ende	Pause	Arbeitszeit +/- Stunden
Montag				
Dienstag				
Mittwoch				
Donnerstag				
Freitag				
Samstag				
Sonntag				
	Wochenstunden: Gesamt +/- Stunden:			

ARBEITSZEIT

Name:_____ Personalnr.:_____

Wochenstunden:_____ Überstunden:_____

Urlaubsanspruch:_____ Jahr:_____

Urlaub genommen:_____ Monat:_____

Resturlaub:_____ Kalenderwoche:_____

Tag Datum	Start	Ende	Pause	Arbeitszeit +/- Stunden
Montag				
Dienstag				
Mittwoch				
Donnerstag				
Freitag				
Samstag				
Sonntag				
	Wochenstunden: Gesamt +/- Stunden:			

ARBEITSZEIT

Name:_____ Personalnr.:_____

Wochenstunden:_____ Überstunden:_____

Urlaubsanspruch:_____ Jahr:_____

Urlaub genommen:_____ Monat:_____

Resturlaub:_____ Kalenderwoche:_____

Tag Datum	Start	Ende	Pause	Arbeitszeit +/- Stunden
Montag				
Dienstag				
Mittwoch				
Donnerstag				
Freitag				
Samstag				
Sonntag				
	Wochenstunden: Gesamt +/- Stunden:			

ARBEITSZEIT

Name:_____ Personalnr.:_____

Wochenstunden:_____ Überstunden:_____

Urlaubsanspruch:_____ Jahr:_____

Urlaub genommen:_____ Monat:_____

Resturlaub:_____ Kalenderwoche:_____

Tag Datum	Start	Ende	Pause	Arbeitszeit +/- Stunden
Montag				
Dienstag				
Mittwoch				
Donnerstag				
Freitag				
Samstag				
Sonntag				
	Wochenstunden: Gesamt +/- Stunden:			

ARBEITSZEIT

Name:_____ Personalnr.:_____

Wochenstunden:_____ Überstunden:_____

Urlaubsanspruch:_____ Jahr:_____

Urlaub genommen:_____ Monat:_____

Resturlaub:_____ Kalenderwoche:_____

Tag Datum	Start	Ende	Pause	Arbeitszeit +/- Stunden
Montag				
Dienstag				
Mittwoch				
Donnerstag				
Freitag				
Samstag				
Sonntag				
	Wochenstunden: Gesamt +/- Stunden:			

ARBEITSZEIT

Name:_____ Personalnr.:_____

Wochenstunden:_____ Überstunden:_____

Urlaubsanspruch:_____ Jahr:_____

Urlaub genommen:_____ Monat:_____

Resturlaub:_____ Kalenderwoche:_____

Tag Datum	Start	Ende	Pause	Arbeitszeit +/- Stunden
Montag				
Dienstag				
Mittwoch				
Donnerstag				
Freitag				
Samstag				
Sonntag				
Wochenstunden: Gesamt +/- Stunden:				

ARBEITSZEIT

Name:_____ Personalnr.:_____

Wochenstunden:_____ Überstunden:_____

Urlaubsanspruch:_____ Jahr:_____

Urlaub genommen:_____ Monat:_____

Resturlaub:_____ Kalenderwoche:_____

Tag Datum	Start	Ende	Pause	Arbeitszeit +/- Stunden
Montag				
Dienstag				
Mittwoch				
Donnerstag				
Freitag				
Samstag				
Sonntag				
	Wochenstunden: Gesamt +/- Stunden:			

© 2019 Patrick Meyer
1. Auflage
Alle Rechte vorbehalten
Druck: Amazon Media EU S.à r.l.Rue Plaetis - 2338 Luxemburg
Das Werk, einschließlich seiner Teile, ist urheberrechtlich geschützt.
Jede Verwertung ist ohne Zustimmung des Verlages und des Autors unzulässig.
Umschlaggestaltung, Illustration: Patrick Meyer
Veröffentlich von: Patrick Meyer
Independently published
PATRICK MEYER, HÜBSCHSTRAßE 18, 95448 BAYREUTH
patrick-meyer-92@web.de

www.ingramcontent.com/pod-product-compliance
Lightning Source LLC
Chambersburg PA
CBHW070423220526
45466CB00004B/1517